JN109587

# 子どもも先生も思いっきり笑える
# 73のネタ
# ＋
# おまけの小ネタ7大放出！

中村健一 著

黎明書房

# は じ め に

　この本は，小難しい本ではありません。
　子どもたちも，そして，先生たちも笑顔になるような楽しいネタを集めた本です。

　楽しんで読んでいただければ，うれしいです。
　そして，教室でこれらのネタを試し，子どもたちと笑っていただければ，うれしいです。

　ただ，最初に少しだけ真面目な話をさせてください。

　みなさんは，最近，子どもたち同士の関係が妙によそよそしいと感じませんか？
　私には，今の子どもたちが妙に遠慮しながらつき合っているように見えます。子どもたち同士の距離が遠くなってしまっていると強く感じるのです。

　子どもたち同士の距離が遠くなったのと同時に，子どもと先生の距離も遠くなってしまったように思います。

子どもたち同士の距離が開き，子どもと先生の距離も開いてしまった今の教室。

　今の教室は，安心感のない，不安な場所に変わってしまったと言えそうです。

　安心感のない不安な教室では，子どもたちは力を出し切れません。

　「こんなこと言って，笑われないかな。怒られないかな」「こんなことしたら，仲間はずれにされないかな」なんて不安な状態では，自分の力を十分に出せる訳ないですよね。

　ひどい時には，不安が「荒れ」につながります。学級崩壊となって，子どもたちをすさんだ状態に追い込みます。

　こうなると，先生もたまったものではありません。
　先生も不安になります。
　先生からも笑顔が消え，病休，退職，下手をすると自殺。

　このままでいいはずがありません。
　では，どうするのか？
　教室から，不安をなくしたいものです。
　教室を安心感のある場所にしたいものです。

そのための有効なアイテムの１つが「笑い」であると確信しています。

　この本で紹介する様々なネタを一緒に楽しめば，子どもたち同士の距離が縮まるはずです。

　もちろん，それと同時に子どもと先生の距離も縮まってくれるでしょう。

　そうすれば，教室から不安がなくなります。

　そうすれば，子どもたちは安心して，自分の持っている力を十分に発揮できるはずです。

　そうすれば，先生たちにも笑顔が戻るはずです。

　さて，難しい話は，これで終わり。難しいことは考えずに，気に入ったネタをぜひお試しください。

　わずか94ページの中に，なんと73＋7ネタを詰め込みました。物価高の時代です。それなのに，１ネタ24円程度で手に入る超破格本。

　しかも，子どもたちが笑顔になること間違いなし！　教室に笑いが起こること間違いなし！　の良ネタ揃いです。

　さあ，80ネタ一気に大放出します。

中村　健一

＊本書は，先に出版した『教師のための携帯ブックス①　子どもも先生も思いっきり笑える73のネタ大放出！』に「おまけの小ネタ集」を加え大判化したものです。

# も く じ

## 「くだらない」で 間違いを恐れなくなる！ …………… 25

## 授業中，子どもたちの 「飽き」をフォローする！ ………… 37

# 授業の隙間5分でできるゲーム集 … 65

# 教室がなごむ
# 教師のちょっとした話術 ……………… 73

# 初めての
# 出会いの
# アイディア

## 「この先生でよかった！」と思わせる

　新年度初日は，正直，忙しい。

　しかし，出会いは大切。

　担任初日，「この先生でよかった！」と思わせること
が必要です。

　時間をかけずに子どもたちの心をつかむアイディアを
紹介します。

# ① 黒板に女の先生の絵を描く

担任発表は，子どもたちにとって一大事。
女の先生（女の先生の場合は，男の先生）の絵を描く
イタズラで，子どもたちの心をつかみましょう。

### すすめ方

① 新年度の始業式の前日，新しく担任するクラスの黒板に，女の先生（女の先生の場合は，男の先生）の絵を描いておく。

② 吹きだしをつけ，「楽しいクラスにしたいわ♡」などと，女の先生の口調でコメントを書いておく。

③ 新しい教室に入って来た子どもたちは，黒板の絵を見て思う。「このクラスは，女の先生だな」と。

④ 始業式で校長先生から，担任が発表される。予想外の男の先生であることに子どもたちは驚く。

⑤ 「先生，俺，絶対女の先生だと思ってた！」と子どもたちが笑顔で話しかけに来る。

# 2 中村指令
## ―意図的にほめる場面をつくる―

> 子どもたちは，ほめられることが大好き。指令を出して，意図的にほめる場面をつくりましょう。

### すすめ方

① 新年度の始業式の前日，新しく担任するクラスの黒板に「調理室（配布する教科書が置いてある部屋）から教科書を持ってきて，配っておいてね」と指令を書いておく。

② 新学期ではりきっている子どもたちは，指令通り，教科書を持ってきて配ってくれる。

③ 「まさか黒板に書いただけで，教科書が配ってあるとは思わなかった！ 先生，こんなすごいクラスの担任になれて幸せだ！」とほめる。

④ 「教科書を運んで配ってくれた人，起立。みんなのために進んで働ける人たちに拍手〜！」と言い，拍手を贈る。

⑤ もちろん，確実に配ってあるかのチェックは忘れない。

# ③ うずら卵が死ぬほど好きです

先生のキャラづけは有効です。子どもたちが先生に親しみを持ち，話しかけやすくなるからです。「うずら卵が好き」と宣言するだけで簡単にキャラづけできます。

## すすめ方

① 教室で，教師の自己紹介をする時，「先生は，うずら卵が死ぬほど好きです。うずら卵さえあれば，ご飯が何杯でも食べられます」と宣言する。

② うずら卵は，給食によく出てくる。給食にうずら卵が出れば，子どもたちは「よかったねえ」と言ってくれる。また，うずら卵を大盛りにしてくれることもある。

③ 家に帰れば，子どもたちは，保護者のかたから「どんな先生だった？」と聞かれる。すると，「うずら卵が大好きな先生だよ」と答えられる。
キャラづけ成立である。

※上條晴夫著『お笑いの世界に学ぶ教師の話術』（たんぽぽ出版）をもとに考案。

うずら卵 ＝ 担任

**4** # 先生の家来になる人？

> 子どもたちは，先生のお手伝いが大好き。「家来になる人？」とユニークな言い方で呼びかければ，たくさんの手が挙がります。

### すすめ方

① 新学期，教師には教室の荷物を移動させるなど，仕事がたくさんある。休み時間に子どもに手伝わせると楽。

② 「先生は，実は桃太郎です。先生の家来になる人？」と呼びかける。新学期初日は，子どもたちも「先生と仲良くなりたい」と思っているもの。たくさんの立候補がある。

③ 立候補した子の中から必要な人数を選び，家来にする。

④ 「家来はついておいで」と言って，ついてこさせる。もちろん，先頭は教師。家来は後ろをゾロゾロついてくる。

⑤ 犬，サル，キジ，なぜかオニ，桃，ライオン，ピカチュウなど，名前をつけるのも楽しい。

⑥ 手伝ってもらった後はねぎらいも忘れない。クラス全員の前で「家来のみなさん，起立。お手伝いありがとね。進んで働いてくれた家来たちに拍手〜！」とほめると有効。

# **5** 笑いの練習

よく笑うクラスを目指して, 笑いの練習をしましょう。
楽しいクラスになりそう, と期待が高まります。

① 「中村のマニフェスト」と称して, 「このクラスをよく笑
うクラスにします！」と力強く宣言する。

② 「笑う子は, 実は, すっごくいい子なんだよ」と言い,
次の４つを説明する。「笑う子は明るい子」「笑う子は頭が
いい子」「笑う子は話をよく聞いている子」「笑う子はけじ
めのある子」。

③ 「さっそく, 笑いの練習をします。さあ, 笑って」と無
茶ブリをする。しかし, 子どもたちはうまく笑えない。

④ 教師が「ワハハハ！」と笑いのお手本を見せる。お腹を
かかえ, ひざをたたくほどのオーバーアクションがよい。

⑤ 教師のお手本を見て, 子どもたちは本当に笑う。その笑
いをほめる。上手な子をほめ, お手本にしてもいい。

⑥ 教師が手を挙げたら, 子どもたちは笑う。下げたら, 真
面目な顔に。この練習をくり返すと本当に笑いが起こる。

# 6 知的クイズで 真面目な子の心もつかむ

> 教室には，いろんなタイプの子がいます。知的なクイズを1つ出して，真面目な子の心もつかみましょう。

## すすめ方

① 「先生は頭がよくなるクイズもたくさん知っているよ。1つ問題を出すから，答えてね」と話を切り出す。

② 次の問題を出す。「てんとう虫が15cmの棒を登っていきます。てんとう虫は朝3cm登って，夜2cm降ります。さて，てんとう虫は何日目に棒のてっぺんにつくでしょう。」

③ 子どもたちは「15日目」と答える。

④ 「ブー，不正解です。君たちは頭がよすぎるから，間違ったんだよ。幼稚園の子なら，きっと解くよ」と言う。

⑤ 「もし正解が分かった子がいたら，先生の所に言いに来てね。先生の家に電話してきてもいいよ」と言う。実際に電話がかかってくることが多い。

⑥ 正解は，「13日目の朝」。賢い子は，「3－2＝1日1cm」を先にやるから間違える。

15

# 先生との相性チェック！
## ―テレパシージャンケンで「さようなら」―

担任初日。子どもたちをそのまま帰らせては，ダメ。ちょっとした遊びで，「さようなら」を演出しましょう。子どもたちは，「この先生でよかった！」と満足して帰ります。

••••••••••••••••••••••••••• すすめ方 •••••••••••••••••••••••••••

① 「さようなら」をする直前。「中村先生は意地悪なので，このままでは帰らせません。今日は中村先生と相性のいい人から帰ってもらいます」と言う。

② ジャンケンで，教師と同じものを3回出した人から帰れるというルールを説明する。

③ 「♪テレパシージャンケン，ジャンケン，ポン♪」という教師の言葉で，クラス全員がグー，チョキ，パーのどれかを出す。教師もグー，チョキ，パーのどれかを出す。

④ 1回教師と同じものを出せば，ランドセルを背負う。2回同じものを出せば，教室の後ろに行く。3回同じものを出せば，前に来て教師と握手し「さようなら」を言う。

⑤ クラス全員が「さようなら」できるまでくり返す。

# 月曜朝の
# どんより重たい
# 空気を変える！

## 空気を温めることが必要です

　月曜日の朝。

　どんよりと重たい空気が教室を支配することはありませんか？

　そんな空気を放っておいては，ダメ。活気のある授業はできません。

　そこで，空気を温めることが必要です。

　月曜の朝でも子どもたちが元気になる。

　そんなアイディアを紹介します。

# 早口言葉
## ―○○小学校の合言葉が決まりました―

教室の空気を温めるには，「音」が有効です。早口言葉を言う声，失敗して笑う声，成功して起こる拍手。これらの音が確実に教室の空気を温めてくれます。

### すすめ方

① 教師は「昨日の職員会で，この小学校の合言葉が決まりました」と子どもたちに向かって真面目な顔で言う。

② 「その合言葉は，『バラバラなバナナ，ババロア』です」と発表すると，子どもたちは笑顔になる。

③ 「この小学校の合言葉だから，当然，言えるよね。全員，起立。5回練習したら，座ります」と指示する。

④ 子どもたちが練習する声，失敗して笑う声が教室の空気を温めてくれる。

⑤ 何人かに全員の前で挑戦してもらう。成功すれば，拍手。失敗しても，チャレンジ精神に拍手。

⑥ 早口言葉を言う声，失敗して起こる笑い声，拍手の音で教室の空気が熱くなっていく。

# 手を合わせましょう

隣の人と手を合わせるだけの遊びです。目をつぶって
やると難易度が高くなります。失敗して起こる笑顔が教
室の空気を温めます。

## すすめ方

① 　隣の人と向かい合って立たせる。

② 　教師の「せーの」の合図に合わせて，子どもたちは右手
と右手を合わせる。教室にパチーンという音が響く。

③ 　今度は，目をつぶって，同じことをする。これは，ほぼ
うまくいく。教室にパチーンいう音が響く。

④ 　最後は，目をつぶって，その場で１回まわる。そして，
目をつぶったまま同じことをする。

⑤ 　「せーの」の合図に音は響
かない。スカッという感じ。

⑥ 　うまくいかなくて子どもた
ちは笑顔になる。

⑦ 　難易度を上げて，指先と指
先で行っても楽しい。

19

# えっ!? 逆しりとり
## ―「ん」で終わる言葉を言えたら勝ち―

「印鑑」「レストラン」など，最後に「ん」がつく言葉を言えたら勝ちという「逆しりとり」です。かなり頭を使うので，動いていない脳を活性化できます。

### すすめ方

① 隣の人と2人組で行うゲーム。向かい合って座る。

② ジャンケンで勝った人が「カレーライス」など，最初の言葉を指定して，しりとりスタート。

③ 交代で「スカート」→「とうふ」→「ふた」→「たいこ」などと，普通にしりとりを続けていく。

④ 自分が「小判」「行進」「高学年」など，「ん」で終わる言葉を言えたら，勝ち（2文字は，ダメ）。

⑤ 相手が答えにつまったら，もう1人は「5，4，3，2，1」とカウント。5秒以内に相手がしりとりを続けられなくても，勝ち。

⑥ ゲームが終わったら，勝った人が最初の言葉を指定して，ゲーム再開。

⑦ 2分間でどちらがたくさん勝てるか勝負する。

# ④ 3文字言え〜い！真ん中○

> 「真ん中『た』」と指定されれば，「かたな」「おたま」など真ん中が「た」の3文字の言葉を言うゲーム。子どもたちの脳が活性化されること間違いなし。

## すすめ方

① 「全員，起立。先生が真ん中の文字を指定します。その文字が真ん中にくる3文字の言葉を言ってください」とルールを説明する。

② 「3文字！」と教師が叫び，みんなで「言え〜い！」とポーズをつけて言う。続けて教師は「真ん中『た』」とお題を出し，席の順番に沿って子どもを当てていく。

③ 指定した3文字の言葉が言えたら，お題チェンジ。再び，「3文字！」「言え〜い！」とみんなで叫び，「真ん中『け』」と教師がお題を指定する。

④ 答えられない子には，教師は「5，4，3，2，1」と数を数える。5秒以内に言えなければ「ブー！ アウト」。その子は座る。お題はそのままなので，次の子はラッキー。

⑤ 最後まで残った子が優勝。拍手を贈る。

# 5 やじるしパニック

先生の「み〜ぎ〜！」という言葉に子どもたちは「み〜ぎ〜！」と叫びながら，右に両手を伸ばします。大きく体を動かし，声を出すので，子どもたちは元気に。難易度をアップすれば，さらに元気になっていきます。

### すすめ方

① 全員立たせ，教師が「み〜ぎ〜！」と叫ぶ。子どもたちも「み〜ぎ〜！」と叫びながら，両手を右に大きく伸ばす。

② 教師が「ひだり〜！」と言えば，「ひだり〜！」と叫びながら，両手を左に大きく伸ばす。「上」も「下」も同様。

③ 教師は，「右」「左」「上」「下」をランダムに言う。どれも成功し，子どもたちは笑顔になる。

④ 声だけ逆（「右」と言われれば，「左」と言って右に大きく両手を伸ばす），手だけ逆（「右」と言われれば，「右」と言って左に大きく両手を伸ばす）にすると難易度が上がる。

※高橋なんぐ氏の実践（『授業づくりネットワーク』No. 276）をもとに考案。

# 6 爆笑歌合戦 「でんでん虫 VS 桃太郎」

「でんでん虫」と「桃太郎」を同時に歌うネタです。お互いにつられまいと自然に大きな声が出ます。つられてしまって出る笑い声も，教室の空気を温めます。

## すすめ方

① クラスの人気者2人を前に出す。

② 1人に「でんでん虫」，もう1人に「桃太郎」を同時に歌わせる。

③ 「♪桃太郎さん，桃太郎さん，お前の目玉はどこにある♪」などとつられてしまう。軽くつっこむと大爆笑。

④ 次は，クラス全員でやる。隣の人と2人組で見つめ合って座る。「でんでん虫」「桃太郎」，それぞれの担当を決めて，同時に歌う。教室に大きな歌声が響き渡る。

# 書いた字で性格判断

子どもたちに大人気の本（根本寛著『書いた文字でわかっちゃう！ びっくり性格テスト』汐文社）をつかったネタ。盛り上がって，子どもたちが元気になります。

① ノートに「正」という字を書かせる。

② 自分の書いた「正」の字が，「水平」「右上がり」「右下がり」のどれに当たるか手を挙げさせる。

③ 「この字の形で分かるのは，『あなたのへそ曲がり度』」と教師が発表する。

④ もう１度「水平」の人に手を挙げさせる。そして，「ちょっぴりへそ曲がりタイプ」と発表する。

⑤ 「右上がり」の人に手を挙げさせる。「素直でまっすぐタイプ」と発表する。

⑥ 「左上がり」の人に手を挙げさせる。「かなりへそ曲がりタイプ」と発表すると，大盛り上がり。

※この本には詳しい説明も紹介してある。読み聞かせると，さらに大盛り上がり。超オススメの本である。

# 「くだらない」で間違いを恐れなくなる！

## 「くだらない」が「安心感」を育てる

　子どもたちは，「くだらない」ことが大好き。

　「くだらない」を楽しめるクラスでは，少々の失敗や間違いは気にならなくなります。

　たとえば，「鼻下注意の命令ゲーム」。クラスのみんなに，鼻の下に鉛筆をはさんだ表情を見られます。それに比べれば，少々の失敗はささいなこと。

　「くだらない」が「安心感」を育てます。

　「くだらない」ゲームや遊びのアイディアを紹介します。

# 鼻下注意の命令ゲーム

クラス全員が鼻の下に鉛筆をはさむ姿は，最高のくだらなさです。こんなにくだらない姿を共有できるクラスには，安心感があること間違いなしです。

## すすめ方

① クラス全員が立つ。そして鼻の下に鉛筆を1本はさむ。

② 「右手を挙げます」「下ろします」「しゃがみます」「1回まわります」「軽く1回ジャンプ」など，子どもたちは教師の命令に従って動く。

③ 鼻の下から鉛筆が落ちたら，アウト。座る。最後まで残った子が，優勝。

④ 最後は，早口言葉対決がオススメ。鉛筆が落ちないように耐えながら早口言葉を言う姿は，最高にくだらない。

# 2 頭上注意の命令ゲーム

クラス全員が教科書を頭の上に乗せます。その姿も最高のくだらなさです。しかも，前ページの「鼻下注意の命令ゲーム」よりは，抵抗も少ないはず。「くだらない」初心者クラスにオススメのゲームです。

## すすめ方

① クラス全員が立つ。そして頭の上に教科書を乗せる。

② 「両手を挙げます」「手を振ります」「目をつぶり片足で立ちます」など，子どもたちは教師の命令に従って動く。

③ 頭の上から教科書が落ちたら，アウト。座る。最後まで残った子が，優勝。

④ 最後は，「先生のマネをしながら軽くダンシング！（踊る）」がオススメ。教室は笑いに包まれる。

※木村研編著『準備いらずのクイック教室遊び』（いかだ社）を参考に，クラス全員が頭の上に教科書を乗せる形に修正した。

# 3 だるまさんが
## 転んだ転ばない

先生が「だるまさんが転んだ」と言えば，クラス全員が転びます。クラス全員で転ぶ姿は最高のくだらなさ。先生になってよかった！　と心から思う瞬間です。

### すすめ方

① 普通の「だるまさんが転んだ」のスタートと同じように子どもたちを並ばせる。教師はオニ役の位置に立つ。

② 「普通の『だるまさんが転んだ』と違います。先生が『だるまさんが転んだ』と言ったら，転んでください。転んでいない人は，アウトです」とルールを説明する。

③ さらに「逆に先生が『だるまさんが転ばない』と言った時に転んだ人もアウトです」と説明する。

④ みんなでゲームを楽しむ。その他のルールは，「だるまさんが転んだ」と同じである。

# 4 お笑い！　ボール止め

> 　2人組で行う体育の時間の準備運動です。「おしり」や「あご」など，指定された場所で，転がってきたドッジボールを止めます。その姿はくだらなくて最高です。

## すすめ方

① 　3〜4m間をあけて，2人が向かい合う。

② 　1人が相手に向かってドッジボールを転がす。その時，「おしり」「頭」など，止める場所を指定する。

③ 　もう1人は，指定された場所でボールを止める。そして「ひじ」など，止める場所を指定してボールを転がし返す。

④ 　お互いに止める場所を指定して，ボールを転がし合う。

29

# 5 ダジャレにらめっこ

ダジャレを聞いて，笑ったら負けというゲーム。緊張感がくだらないダジャレへの爆笑を誘います。くり返すと「ダジャレにらめっこ」と言うだけで笑う子も出ます。

① ダジャレが得意な子を１人，前に出す。

② 教師が「ダジャレにらめっこ」と言ったら，クラス全員笑ってはいけない。

③ ダジャレが得意な子が「布団がふっ飛んだ」「チアガールが嫌がーる」などのダジャレを言う。１つのダジャレを言ったら，10秒ぐらい沈黙の時間をつくるのがコツ。

④ 教師は，笑った子を見つけたら，「♪ジャジャーン♪」と効果音を入れる。そして，「ナカムラ（笑った子の名字），アウト」と誰が笑ったかを発表する（テレビ番組「ダウンタウンのガキの使いやあらへんで!!」の「絶対に笑ってはいけない」シリーズのイメージ）。

⑤ 笑った子は「くすぐりの刑」にする。

⑥ 「一発ギャグ」「物ボケ」などでやっても楽しい。

# お笑い！　お絵かきバトル

先生が指定したキャラクターを描くだけの遊びです。
なかなか思うように描けず，教室は大爆笑になります。

#### すすめ方

① 「バイキンマン」「カツオ」「鉄腕アトム」「ピカチュウ」
   など教師が「お題」を１つ出す。
② 子どもたちは，１分間でその絵を描く。

③ 真面目に描く。ウケをねらわないのがポイント。
④ できあがった絵を班で見せ合うと，大爆笑。
⑤ 「そっくり賞」や「お笑い賞」を決めて，クラス全員の
   前で見せても楽しい。

# 7 法則発見ゲーム①
## 「カタカタカタカタカタツムリ」

　法則を発見するゲームです。片目をつぶって言えば，カタツムリ。両目を開けて言えば，でんでん虫。法則は，これだけのくだらないものです。

　「よく見てよ」と言われても，他の所を見ているような子が先に法則に気づくのが，このネタの優れた点です。

### すすめ方

① 　教師は左手を開き，手のひらを子どもたちに見せる。そして，手をたたきながら，「よく見てよ」と言う。

② 　「カタカタカタカタカタツ
　ムリ」と言いながら，右手の
　人差し指で図のように左手を
　はわせる。この時，教師は片
　目を閉じておく。

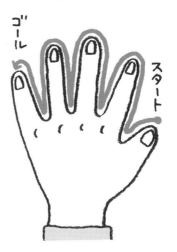

③ 　「これが『カタツムリ』で
　す」と説明する。

④ 　今度は，両目を開けたまま
　同じようにする。「これは『で

んでん虫』です」と説明する。

⑤　何度かくり返し，「これはどっち？」と聞く。

⑥　法則が分かった子は，教師の耳元に言いにくる。法則が
　分かった後も参加し，得意気に答えを叫ばせる。

# 8 法則発見ゲーム②
## 「これなんだ?　だいこん」

法則を発見するゲームです。「これなん『だ』?」「だいこん」,「これなあ『に』?」「にんじん」のように質問の語尾で，答える野菜が決まります。最後に「これなんぴ?」「ピーマン」などとやると，くだらないです。

### すすめ方

①　教師は左手を開き，手のひらを子どもたちに見せる。

②　人差し指を指さしながら「これな～んだ?」「だいこん」と説明する。

③　中指を指さしながら「これな～に?」「にんじん」と説明する。

④　薬指を指しながら「これは?」「はくさい」と説明する。

⑤　「じゃあ，これは?」と人差し指を指さしながら聞くと，子どもたちは「だいこん」と答える。「ブー!　正解は，はくさいです」と言うと子どもたちは驚く。

⑥　「じゃあ，これなんだ?」「だいこんです」「じゃあ，これなあに?」「にんじんです」と出題と解答をくり返す。

⑦　最後は「これ，なにぱ?」「パセリ」などがくだらない。

# 9 伝言お絵かきバトル

絵をつかった伝言ゲームです。「ランドセル」が「オムライス」「ビール」「犬」などになって大爆笑。変化の様子を紹介すると，さらに大爆笑が起こります。

## すすめ方

①　列対抗で行うゲーム。

②　列の1番前の子が教師の所に集まる。教師は「ランドセル」「筆箱」「ちりとり」などのお題を書いた紙を見せる。

③　1番前の子は，お題の絵を20秒で描く。そして，2番目の子に5秒間見せる。おしゃべりは，絶対に禁止。

④　2番目の子は，何の絵だったかを考え，その絵を20秒で描く。そして，3番目の子に5秒間見せる。

⑤　5秒で見て20秒で描く，を1番後ろの子まで続ける（時間管理は教師。「描く」「見せる」とテンポよく言う）。

⑥　1番後ろの子も絵を描き，1人ずつ何の絵だったと思うか発表する。

⑦　教師の「せーの」の合図で1番前の子が正解を発表する。

⑧　絵の変化の様子をみんなで見ても楽しい。

# ⑩ 鼻つまみ，チェ～ンジ！

右手で鼻をつまみ，左手で右耳をつまみます。先生の「チェンジ！」の合図で，手をチェンジ。最後の難易度アップで教室は笑いに包まれます。

### すすめ方

① 子どもたちは右手で鼻をつまみ，左手で右耳をつまむ。

② 教師の「チェンジ！」の合図で，右手で左耳をつまみ，左手で鼻をつまむ。これをテンポよくくり返して，練習。

③ 上手になったところで，いきなり難易度アップ。「次は先生が『せーの』と言ったらバンザイしてチェンジします」と説明する。

④ 教師の「せーの，バンザイ，チェンジ！」の合図に合わせて，子どもたちは，バンザイしてから鼻と耳をつまむ。うまくいかずに笑いが起こる。

# 授業中，子どもたちの「飽き」をフォローする！

## 「先生の授業は楽しい！」とイメージアップ！

　授業中，子どもたちの「飽き」を感じることはありませんか？

　その「飽き」を放っておいては，ダメ。「先生の授業はつまらない」とあなたの授業にマイナスのイメージを持ってしまいます。

　「飽き」をきちんとフォローすれば，子どもたちも「先生の授業は楽しい！」とプラスのイメージを持つはず。

　子どもたちの「飽き」をフォローするアイディアを紹介します。

# 1 子どもの「足」を見る

子どもたちはたいくつそう。それなのに，先生だけが
楽しそうに話し続けているクラスを見ることがあります。
　それは，なぜか？　子どもたちの「飽き」をキャッチ
できていないからです。子どもたちの「足」を見て，「飽
き」をキャッチすることから始めましょう。

## すすめ方

① 　クラスの中で多動傾向のある子を1人選ぶ。

② 　授業中，その子の「足」を注意して見る。

③ 　その子の「足」が動き始めたら，次のページから紹介す
　るネタなどで，子どもたちの「飽き」をフォローする。

※上條晴夫氏は「飽きのサインを見抜く」ための「四つの指
　標」を示している（『実践・子どもウォッチング』民衆社）。

　❶ 気が散る→「目」が散る

　❷ 姿勢が崩れる→「背中」が曲がる

　❸ 落ち着きを失う→「手」が動く

　❹ 動き出す→「足」が動く

「足」は，「飽き」のサインの最終段階なのである。

# 全員起立！
# 5回言ったら，座りなさい

「飽き」をフォローするには，活動が有効。起立して重要語句を5回言うだけの活動でも，子どもたちはすっきりするようです。

### すすめ方

① 「全員，起立！ 『三角形の面積は，底辺×高さ÷2』と5回言ったら，座りなさい」と言う。

② 子どもたちは，指を折りながら，5回言って座る。

③ 教師が「三角形の面積は？」と聞くと，クラス全員が，すぐに「底辺×高さ÷2」と答える。

④ 列を指定し，その列の何人かに言わせてもいい。

# 挙手アンケートで おしゃべりを促す

手を挙げるだけでも，子どもたちは少しすっきりします。挙手がおしゃべりに発展すれば，なお結構。笑いにつながれば，さらに結構。わずか1〜2分のおしゃべりで子どもたちは，すっきり。再び授業に集中できます。

### すすめ方

① 「もうすぐ給食だね。お腹すいた〜。昨日の夜，家で食べた人？」「外食だった人？」と手を挙げるように促す。

② 家で食べた子に「何食べた？」，外食だった子に「どこに食べに行ったの？」などと聞く。

③ おしゃべりが盛り上がり，子どもたちがすっきりしたら，授業に戻る。1〜2分でやめるのがポイント。

④ 学習内容に合った話題も，もちろんOK。たとえば，ビーバーが出てくる説明文だったら，「ビーバーを見たことある人？」と聞く。理科で桜島の噴火が出てくれば，「桜島に行ったことがある人？」と聞く。

# ○か×か，せーの，ドン

> ○か×かで答えられる簡単なクイズを出します。子どもたちは，○×ポーズで答えます。

### すすめ方

① たとえば，理科の実験前。「アルコールランプを消す時は，真上からふたをする」などの問題を出す。

② 「○か×か，せーの，ドン」という教師の合図で，子どもたちは，図のような○×ポーズを出す。

③ 「正解は，……×。横からかぶせるんだったよね」と，もったいぶって正解を発表する。

④ 「今学習しているのは『大造じいさんとハト』である」など，分かりきった問題を出すのも楽しい。

※「○×ポーズ」は，上條晴夫著『見たこと作文でふしぎ発見』（学事出版）。

# 5 オープン・ザ・〇ページ

> 目をつぶって，先生が指定したページを開くだけの超簡単ネタ。1分かけずに子どもたちをリフレッシュできます。

### すすめ方

① 教科書を閉じさせる。

② 「目をつぶって，先生が指定したページを開いた人が勝ちです」と簡単にルール説明をする。

③ 目をつぶらせる。

④ 教師は，「39ページ，オープン！」と言う。

⑤ 子どもたちは，目をつぶったまま39ページだと思うところを開く。目を開けさせ，何ページが開いているかを確認させる。

⑥ ぴったり39ページを開いている子がいれば立たせ，拍手を贈る。

# 6 小声で正解を教える

指名したのに答えを言えない子がいた時。先生が小声で正解を教えます。「先生，ずる〜い!」と言いながらも，子どもたちは笑顔になります。

### すすめ方

① たとえば，理科の時間。「昆虫の体は，何と何と何に分かれていますか?」と問題を出す。

② 指名した子が何も言えなかったら，教師が「○○ちゃん，『頭と胸と腹』って言って」と小声で教える。

③ それでも言えなかったら，「『頭と胸と腹』って言って」とさらにくり返し小声で教える。

④ その子が「頭と胸と腹」と言えば，「正解!」と大きな声で言って，拍手を贈る。

⑤ 小声といっても，他の子にも聞こえる程度の声で言うのがポイント。

※尊敬する土作彰氏が講座でよく使うネタ。

# 7 教科書音読おもしろ指名

　教科書を読む授業は，どうしても退屈になりがち。指名方法をちょっと工夫することで，子どもたちの「飽き」を緩和しましょう。

## すすめ方

①　社会科の教科書には，「○○市長」など，いろんな人の話が紹介してある。その人と同じ名字の子を指名する。

②　次はしりとりで指名する。最初に読んだ子が「なかむらけんいち」なら，次は「ち」で始まる名前の子を指名する。

③　いなければ「じゃあ，ちらかわくん」（本当は，白川）と強引に指名してもおもしろい。

④　割り箸クジで指名，似ている顔の人が読む，将来市長になりそうな人が読む，読んだ人が次の人を指名できる，23日なので出席番号23番の人，などバリエーションを持つことが大切である。

# 8 この問題は，何算？

算数の文章題を読んだ後，何算で解く問題だと思うか
ポーズで示します。体を使うことで，子どもたちは元気
になります。

### すすめ方

① 算数の文章問題を読んだ後，教師は「この問題は何算で
解くと思うか，ポーズで示します。せーの，ドン」と言う。

② たし算だと思えば，ウルトラマンのポーズ。ひき算は，
アイーン。かけ算は，大きくバッテン。わり算は，右手で
アイーンをして，左手は点をつくって上下に動かす。

# 9 文字さがし スタンドアップ

　「な」「村」など，先生が指定した文字を教科書からさがすゲームです。見つけた子は，文字を指さして立ちます。「立つ」という動作を伴うので，座学に飽きた子どもたちをリフレッシュできます。

## すすめ方

① 「教科書から文字をさがすゲームです。今から先生が言う文字を見つけたら，指で押さえて立ってください。制限時間は 30 秒」と教師はルールを説明する。

② 「教科書を閉じて。最初の文字は，……中村の『な』。よーい，スタート」と教師が文字を指定し，ゲーム開始。

③ 30 秒経ったところで立っている子が，合格。クラスみんなで賞品の拍手を贈る。

④ 「次は，……中村の『村』。よーい，スタート」テンポよく 3 問くり返す。

⑤ 学習内容を思い出そうとする子も出る。たとえば，6 年生社会科の教科書から「池」をさがす際は「寝殿造りのページにありそうだ」「大名に池田っていたな」など。

# ざわざわ空気を落ち着かせるアイディア

## 有効なのは，口を閉じさせること

　教室の空気が安定しなくなっています。

　遠足前など，妙にざわざわして落ち着かないことはありませんか？

　そんな時は，落ち着いた空気に変える必要があります。

　有効なのは，口を閉じさせることです。口を閉じれば，落ち着いた雰囲気を演出できます。

　ここでは，ざわざわした教室の空気を落ち着かせるアイディアを紹介します。

# ① 30 秒当て

目をつぶって 30 秒を当てるゲームです。沈黙の 30 秒が教室を落ち着いた雰囲気にします。

① イスを引いて，すぐに立てるように座らせる。

② 子どもたちは目を閉じて，30秒を数える。そして，30秒経ったと思ったところで立つ。

③ 教師は時計を見て 30秒を数える。そして，30秒経ったところで，「30！」と言う。

④ 教師が「30！」と言った時に，ちょうど立った子に拍手を贈る。

⑤ 子どもたちが，極端に落ち着きがない時は，「1分当て」がいい。目と口を閉じる時間が長ければ，それだけ落ち着いた雰囲気になる。

# 2 呼んでいるのは，誰？

目をつぶって自分の名前を呼んだ子を当てるゲームです。呼ぶ人数をどんどん増やしていきます。落ち着きがあり，なおかつ集中力のある雰囲気がつくれます。

### すすめ方

① 1人を指名し，教室の前に目隠しをして立たせる。

② 教師は他の子どもたちの中から1人を選び，手を挙げさせる。そして，教師の「せーの」の合図で「○○くん！（前にいる子の名前）」と呼ばせる。

③ 前にいる子が呼んだ子の名前を当てれば，次のステージに進める。

④ 今度は，教師は他の子どもたちの中から2人を選び，手を挙げさせる。そして，教師の「せーの」の合図で2人同時に「○○くん！」と呼ばせる。

⑤ 前にいる子が，自分の名前を呼んだ2人の名前を当てれば，次のステージ（3人同時）に進める。

⑥ 3人同時，4人同時，5人同時と呼ぶ人数を増やしていく。

# ③ 秘密の数字

先生は黙って黒板に数字と□を書くだけ。それなのに子どもたちは，□に入る数字を真剣に考え始めます。

## すすめ方

① 教室がザワついている時。教師は黙って黒板に「４３１　２６６３６５８４□」と書く。

② 教師が説明しなくても，子どもたち　は□に何の数字が入るか考え始める。

③ 「２」など違う答えを言う子がいれ　ば，教師は黙って首を横に振る。

④ 「分かった！ 『０』！」と言う子が出たら，教師は「正　解！」とだけ言う。そして，□に０を書く。

⑤ さらに「９６５□」など数字と□を続けて書く。「４」　と正解が出れば，さらに数字と□を書いて問題を続ける。

⑥ クラスが落ち着いた感じになったら正解発表。

⑦ 実は，すべて九九になっている。最初に書いた数字は，　「４×３＝12」「６×６＝36」「５×８＝40」である。

※尊敬する蔵満逸司氏に教えていただいたネタ。

50

# 4 どっちが正解？

黒板に書かれた2つの答えのうち，正解だと思う方の番号を指で出すクイズです。口を閉じたり，顔を伏せたりするので，落ち着いた雰囲気になります。

### すすめ方

① 教師は「おしゃべり禁止！」と子どもたちに指示する。

② 黒板に図のような，ちょっとだけ違う漢字を書く。子どもたちは，違いを見つけようと必死で見る。

③ 「正しい漢字はどっちでしょう？ 決めたら顔を伏せます」と言う。

④ 全員が顔を伏せたら，教師の「せーの，ドン」という合図で伏せたまま正解だと思う方の番号を指で出させる。

⑤ 指で番号を出したまま，顔を上げさせる。子どもたちは周りをキョロキョロ見るが，まだおしゃべりは禁止。

⑥ 「正解は……①です。出ないのが正解だね」と正解を発表。子どもたちから歓声が起きる。

51

# ⑤ スパイのように

教室に入る前，先生がスパイのように教室をのぞき見るネタ。先生の姿に気づいた子から席に着き，最後には全員を先生に注目させることができます。

① 教師は，教室のドアからスパイのように顔をちょっとだけ出してのぞき見る。1人の子が気づくまでそのままでいる。

② 1人の子が気づけば，教師は，サッと隠れる。そして，また，顔をちょっとだけ出してのぞき見る。

③ 教師に気づいた子は席に着く。そして友達に教師の存在を教え，その子も席に着く。気づかず着席しない子に対して笑いが起きる。

④ くり返すと全員が着席した状態になる。そうしたら，もう1度だけのぞき見て，サッと隠れる。子どもたちは全員教師に注目しているので，笑いが起きる。

# きちんとした列から配る

> 子どもたちはプリントを人より早くもらいたいもの。きちんとした列から配れば，あっという間に静かになります。

## すすめ方

① プリントを配る時。おしゃべりをしていない列があれば，その列にプリントを配る。

② それを見て，子どもたちは黙る。

③ 次は，姿勢のよい列に配る。

④ それを見て，子どもたちは姿勢をよくする。

⑤ 説明は全く必要ない。毎回同じことを行えば，プリントを配ろうとするだけで子どもたちは黙り，姿勢をよくする。

# 7 伝言お絵かきゲーム

先生が言葉で絵の内容を伝えるゲームです。先生の指示通りに描けば，正確な絵が完成します。子どもたちは，正しい絵を描こうと集中して聞きます。

## すすめ方

① 「先生が今から絵の内容を言葉で伝えます。正確に描けた人が勝ちです」と簡単にルール説明をする。

② 「まず，□を描いてください。その上にくっつけて△を描いてください。最初に描いた□の中に小さな□を描いてください。その□の中を十の字で４つに区切ってください。これで完成です」と指示する。

③ 子どもたちは，指示された通りに絵を描く。

④ 正解の絵を黒板に描く。正解の子を立たせ，拍手を贈る。

# 自然に
# 拍手が起こる
# クラスをつくる！

## 拍手は，いい雰囲気づくりに
## 有効なアイテム

　いい雰囲気づくりに有効なアイテムを発見しました。
拍手です。

　自然に拍手が起こるようなクラスは，雰囲気がいいで
すよね。

　拍手をつかったアイディアを紹介します。

# ○○ちゃんに，拍手〜！

とにかく拍手する習慣をつけることです。素晴らしい発表，素晴らしい行動に対して，チャンスがあれば，ひたすら拍手させましょう。

① たとえば，授業中。誰かが素晴らしい発言をしたら，立たせる。

② 「いや〜，素晴らしい意見だ！　○○ちゃんに拍手〜！」と教師が言い，クラス全員で拍手を贈る。

③ 「○○くん，立ってごらん。今日の朝，気持ちのよい挨拶をしてくれたよね。おかげで先生，とっても気分がよくなった。気持ちのよいあいさつができる○○くんに拍手〜！」など，いろんな場面でとにかく拍手させるといい。

# 2 拍手の練習
## ―いいとも風の終わりかた―

> 「強く，細かく，元気よく！」拍手の練習をしましょう。いいとも風の終わりかたで，楽しく練習できます。

### すすめ方

① 「先生は人生で2番目に拍手が大切だと思っています（1番目は，牛乳をかんで飲むことです）。拍手の練習をしましょう」と言う。

② 「拍手のポイントは，強く，細かく，元気よく！　では，いってみましょう！　拍手～！」と言い，クラス全員で拍手をする。

③ 「笑っていいとも」のタモリさんのようにポーズをつけて，「パン，パンパンパン」で終わると楽しい。

④ 人気者を指名し，その子のポーズで終わっても楽しい。

# プラスの言葉と拍手で応えるルール

「ゲームしよう！」「宿題なし！」など先生が子どもの喜ぶことを言った時は，プラスの言葉と拍手で応える約束をします。盛り上がりたい子を中心にクラスをつくれば，冷めた雰囲気が教室を支配することはありません。

## すすめ方

① たとえば，授業が早く終わって，「じゃあ，ゲームしよう」と呼びかけた時。反応が弱かったら「うれしくなかったの？　じゃあ予定変更。漢字テストをします」と言う。

② 子どもたちが首を横に振れば「うれしかったの？　だったらプラスの言葉を言って，拍手ぐらいしてよ」と言う。

③ 「やったー！」「イエ～イ！」など，プラスの言葉を言って，拍手することを約束する。

④ 「じゃあ，ゲームします！」ともう１度力強く宣言する。子どもたちは「やったー！」と叫び，大きな拍手をする。

⑤ 多くの子がプラスの言葉を言い，拍手をするようになる。そうすれば，冷めた子が２，３人いても，その子どもたちの雰囲気が教室を支配することはない。

# 4 拍手で評価

　友達の発表を拍手で評価する方法です。子どもたちは喜んで取り組み，友達の発表をよく聞きます。

### すすめ方

① 　たとえば，１枚の絵から気づきを箇条書きする際のこと。箇条書きした後，教師が列を指定して，その列の子どもたちに自信作を１つだけ発表させる。

② 　友達の気づきを拍手で評価するように説明する。とりあえず発表ができたら小さな拍手，「ちょっとすごい」と思ったら中ぐらいの拍手，「すごい！」と思ったら大きな拍手，「最高にすごすぎ！」と思ったら頭の上で大きな拍手をする。

③ 　評価するためには，聞くことが必要である。子どもたちは集中して友達の意見を聞き，評価しようとする。

# ⑤ スタンディング オベーション

最高評価の拍手です。素晴らしすぎる行いをした子に贈ります。また，感謝の気持ちを表す時にも使います。

## すすめ方

① 教師は「○○ちゃんが，昼休みに泣いている1年生を保健室に連れていってあげたんだって。優しいよね」などと説明する。

② 「そんな優しい○○ちゃんにスタンディングオベーション！」と言い，クラス全員が起立して，拍手を贈る。

③ 頻繁に行わない方が価値がある。月に1，2度程度がいい。

④ 感謝の気持ちとしてスタンディングオベーションを贈るのもいい。転勤される保健室の先生に5，6年生全員でスタンディングオベーションを贈った時も喜んでいただいた。

# ⑥ ○○コール

両手を挙げて「ナカムラ（パンパンパン），ナカムラ（パンパンパン）」と叫ぶサッカーでおなじみの応援です。最高に素晴らしい意見を言った子に贈ります。

## すすめ方

① みんなが驚くような意見を中村くんが言った時。教師は両手を開いて挙げる。

② 教師が両手を挙げれば，応援開始の合図。子どもたちも全員両手を挙げる。

③ 教師の「せーの」の合図で，クラス全員が「ナカムラ（パンパンパン），ナカムラ（パンパンパン），ナカムラ（パンパンパン）」と手をたたきながら叫ぶ。

④ 「ナカムラ」を3回言ったら，みんなで「ワー！」と叫びながら拍手する。

⑤ 拍手をもらった中村くんがジャンプ。中村くんの着地に合わせて，みんなが「パン」と手をたたき応援を終わる。

61

# 7 とりあえず 拍手してみましょう

　お手本として音読や前転を披露してもらう時。その子が少しためらっていたら，「とりあえず拍手してみましょう！」と先に拍手を贈ります。すると，多くの子がやってくれます。あと1歩，その子の背中を押す方法です。

① 　お手本として音読や前転を披露してもらう時。その子が少しためらっていたら，教師は「とりあえず拍手してみましょう！」と明るく言い，クラス全員で拍手を贈る。

② 　拍手をもらった子は，「拍手までもらったのなら，仕方ないか」という感じでやってくれることが多い。

③ 　その子の雰囲気を考えて行うことが必要。あと少しでやってくれそうな時に有効な技である。

# 8 笑いと拍手

> 笑いと共に拍手をするように指導しましょう。クラスの雰囲気がグ〜ンとよくなること間違いなしです。

## すすめ方

① おもしろいことがあって，教室が爆笑になった時。「笑う時，同時に拍手をしてごらん」と言う。

② 教師が「笑いと拍手〜！」と言えば，拍手しながら笑う。「やめ！」と言えば，拍手も笑いもやめる。クラスみんなでこの練習をくり返す。

③ 爆笑する機会がある度にこの練習をくり返す。すると，笑いと同時に拍手が自然に起こるようになる。そうすれば，ますます楽しく盛り上がった雰囲気のクラスになる。

自然に拍手が起こるクラスをつくる！

63

# ⑨ お礼と拍手

お礼と共に拍手を贈りましょう。「素晴らしい子ども
たちですね！」と周囲からの印象がアップします。

①　社会見学などでお世話になったかたにお礼を言う時。「み
んなで『ありがとうございました』と言って，感謝の気持
ちを込めて拍手を贈ります」と言う。

②　教師の「礼」の合図に子どもたちは一斉に「ありがとうご
ざいました」と言う。そして間髪を容れずに拍手をする。

③　どの見学地で行っても大変喜ばれる。

④　先日の修学旅行では，バスの運転手さんに次のようなお
礼をした。「君たちは気づいていないと思いますが，昨日，
今日と君たちの命を握っていた男がいます。そうです。運
転手さんです。運転手さんが変な気を起こしたら君たち大
変なことになっていたのよ。君たちの命を守ってくれた運
転手さんにお礼の言葉と感謝の拍手ね。せーの！」「あり
がとうございました」という大きな声と拍手がバス中に響
き渡った。運転手さんは大喜びしてくださった。

# 授業の隙間
# 5分でできる
# ゲーム集

授業が5分早く終わったら，思いきって遊んじゃいましょう。

いろいろなゲームをクラスで楽しめば，子どもたち同士の距離が縮まります。

それが「安心感」を生むこと間違いなし。

もちろん，「先生のクラスは楽しい！」とあなたの評判も上がります。

5分でできるゲームのアイディアを紹介します。

# ① 限定しりとり

> 「地名」「歴史上の人物」「花の名前」など限定してするしりとりです。お題によっては，学習内容に関連させることもできます。

① 全員立たせる。

② 教師が「限定しりとり！」と叫び，子どもたちはポーズをつけて「イエ～イ！」と言ってゲームスタート。

③ 「お題は，地名」と教師がお題を発表する。

④ 席の順番に沿って，お題に合ったものを言っていく。「アメリカ→神奈川→輪島」など。

⑤ 言えればセーフ。そのまま立っている。

⑥ 答えにつまれば，教師が「５，４，３，２，１，ブー」とカウント。５秒以内に言えなければ，アウト。座る。

⑦ 人が言った地名を答えた子も，アウト。座る。

⑧ 最後まで残った子が優勝。拍手を贈る（チャイムが鳴れば，その時点で立っている子が勝ち。拍手を贈って授業終了）。

# 2 古今東西ゲーム

> 「『あ』で始まる食べ物」など，お題に合ったものを言うゲーム。「理科で使う実験器具」「都道府県名」などお題によっては，学習に関連づけられます。

## すすめ方

① 全員立たせる。

② 教師が「古今東西ゲーム！」と叫び，子どもたちはポーズをつけて「イエ～イ！」と言ってゲームスタート。

③ 「古今東西，都道府県の名前」と教師がお題を発表する。

④ 席の順番に沿って，当てはまるものを言っていく。

⑤ 言えればセーフ。そのまま立っている。

⑥ 答えにつまれば，教師が「5，4，3，2，1，ブー」とカウント。5秒以内に言えない子は，アウト。座る。

⑦ 人が言った都道府県名を答えた子も，アウト。座る。

⑧ 最後まで残った子が優勝。拍手を贈る。

# ③ 連想ゲーム

「うさぎ→白い→豆腐→四角→…」と連想するものを
言うゲーム。特に低学年の子どもたちは，こういうゲー
ムが大好きです。

### すすめ方

① 全員立たせる。
② 教師が「連想ゲーム！」と
叫び，子どもたちはポーズを
つけて「イエ〜イ！」と言っ
てゲームスタート。

③ 「うさぎは白い。白いは？」
と教師が言う。
④ 席の順番に沿って答える子どもを当てていく。「豆腐」
など，連想するものを言えば OK。立っている。
⑤ 教師は「豆腐は？」と言って，次の子を当てる。
⑥ 答えにつまれば，「5，4，3，2，1，ブー」と教師
がカウント。5秒以内に言えなければ，アウト。座る。
⑦ 最後まで残った子が優勝。拍手を贈る。

# 4 文字数限定しりとり

2文字，3文字など，文字数を限定したしりとりです。文字数が多いほど難しい。つかえる時間によって，難易度を調整できるネタです。

## すすめ方

① 全員立たせる。

② 教師が「文字数限定しりとり！」と叫び，子どもたちはポーズをつけて「イエ〜イ！」と言ってゲームスタート。

③ 「文字数限定，3文字」など，教師が文字数を指定する。

④ 子どもたちは，席の順番に「あたま→まくら→らくだ」などと3文字の言葉でしりとりをしていく。

⑤ 3文字でしりとりができれば，セーフ。そのまま立っている。

⑥ 答えにつまれば，「5，4，3，2，1，ブー」と教師がカウント。5秒以内に言えなければ，アウト。座る。

⑦ 最後まで立っていた子が優勝。拍手を贈る。

⑧ つかえる時間が少ない時は，5文字，6文字など文字数が多い方がオススメ。難しいので，早く決着がつく。

69

# ⑤ 2ケツしりとり

「机」→「クエン酸」→「算数」など最後2文字で続けていくしりとりです。「たんす」や「モモンガ」などがアウト。思わぬアウトに笑いが起こります。

## すすめ方

① 全員立たせる。

② 教師が「2ケツしりとり！」と叫び，子どもたちはポーズをつけて「イエ〜イ！」と言ってゲームスタート。

③ 席の順番に沿って，「学校」「公民館」「感謝状」など，最後2文字でしりとりになる言葉を言っていく。

④ 言えれば，セーフ。そのまま立っている。

⑤ 答えにつまれば，「5，4，3，2，1，ブー」と教師がカウント。5秒以内に言えなければ，アウト。座る。

⑥ 最後まで立っていた子が優勝。拍手を贈る。

# 6 ○○といえば？
## ―先生と同じなら勝ち―

> 「○○といえば？」に当てはまる言葉をノートに書きます。先生が書いた答えと同じなら勝ちというルールです。お題によっては，その日の学習内容を確認することも可能です。

### すすめ方

① 「今日学習した明治維新。明治維新で活躍した人を1人だけノートに書きます。先生と同じなら勝ちです。時間は，30秒」と言う。

② 教師も小黒板に1人だけ名前を書く。

③ 30秒後。「先生が書いたのは，……勝海舟！」と小黒板を見せながら，正解発表。

④ 教師と同じ「勝海舟」を書いた子を立たせ，拍手を贈る。

⑤ 5問出題し，何問教師と同じになるかを競うと楽しい。

⑥ 「中国地方の県庁所在地」「教科書○ページから言葉を1つ」「国語の教科書に出てくる物語のタイトル」などお題もいろいろ工夫できる。もちろん，「おでんに入れるものといえば」など，授業に関係ないことでもOK。

# 7 つけ句あそび

> 先生の「五・七・五」の問いに、「七・七」の音で答える遊びです。授業のまとめにもつかえます。

## すすめ方

① 「先生が今から五・七・五で質問します。その質問に七・七の音で答えてください」と説明する。

② 「♪この時間〜、あなたは何を〜、学んだの〜♪」と百人一首を詠むような口調で言う。2回くり返す。

③ 子どもたちは、3分間で「七・七」の答えをノートに書く。完成すれば、合格。

④ 発表会をすると楽しい。「♪この時間〜、あなたは何を〜、学んだの〜♪」と教師が百人一首口調で言うと、「♪立方体の〜体積だすの〜♪」と同じ口調で返してくれる。

⑤ 「♪お腹減っても〜我慢すること〜♪」など、笑いの絶えない発表会になる。

# 教室がなごむ
# 教師の
# ちょっとした話術

## 厳しい注意にも，ちょっとしたユーモアを

　教師のちょっとした話術で子どもたちは笑顔になります。

　厳しい注意にも，ちょっとしたユーモアを。

　教室に安心感を生む，教師の話術のアイディアを紹介します。

# 1 原始人に なりませんように……

男女を意識しすぎるクラスはありませんか？ 「原始人になるよ」という注意で男女の境をなくしましょう。

### すすめ方

①　たとえば，クラスで1つの円をつくる時。男子だけ，女子だけが固まっていたら，教師は「君たちは原始人ですね。胸をたたいて，ウホウホと言いなさい」と言う。

②　「原始人は，男女の役割がハッキリしていました。男は狩り，女は家というようにね。だから，男女がハッキリ分かれている君たちは原始人です」と説明する。

③　「現代人は，男女の差がなくなってきています。君たちも原始人を卒業して，早く現代人になるように」と注意。

④　「では，原始人にならないように並び替えてごらん」と言うと，できるだけ男女が混じるように並ぶ。

⑤　次から1つの円をつくる時など，子どもたちから「原始人になるよ！」という注意が聞こえるようになる。

# 2 中村の大予言
## 「3日以内にガラスが割れます」

> 「3日以内にガラスが割れる」と「大予言」をするネタです。修学旅行や遠足の前など，極端に落ち着きがなくなってしまったクラスに有効です。

### すすめ方

① クラスが極端に落ち着かなくなっている時，「中村の大予言。3日以内にガラスが割れます。見ててごらん」と大予言を発表する。

② 騒いでいる子がいれば，「そんなことしてると大予言が当たるよ」と注意できる。

③ 子どもたちが気をつけて，3日間ガラスが割れなければ，大予言の効果があったということ。「君たちは大予言を乗り越えたすごいクラスだ」と子どもたちをほめてもいい。

④ 実際にガラスが割れても大丈夫。「先生はすごい！」と尊敬される。そして，教師の注意をよく聞くようになる。

# 3 先生は成功だと 思っていません

> 「先生は成功だと思っていません。……大成功です！」
> というネタです。最初の言葉に表情をなくした子どもた
> ちが最高の笑顔になります。

······················ すすめ方 ······················

① たとえば，5年生が企画し，初めて全校を動かした「6
　年生を送る会」の後。「今日の6年生を送る会，君たちの
　力で成功だったと思う人？」と聞く。全員が手を挙げる。

② 「先生は成功だと思っていません」と言うと，子どもた
　ちは不安な表情を見せる。泣きそうな子さえいる。

③ 「……大成功です！　君たちの力はすごい！　最高の5
　年生だ！　会を大成功させた自分たちに拍手〜！」とほめ
　まくり，拍手をする。すると，子どもたちは最高の笑顔に
　なる。

# 4 仲直りは ショートコント風で

男子同士の殴り合いのケンカ。仲直りをしたものの，2人も，クラスみんなも気まずいまま。そんな時は，ショートコント風に仲直りすると教室に笑顔が戻ります。

## すすめ方

① 殴り合いのケンカをした男子2人を教室の前に出す。

② 「みんなを心配させている2人です。みんなの前で仲直りをしてもらいます」と言う。

③ 次の台本通りに教師が指導し，2人はみんなの前で練習する。「ハルキ，俺が悪かった」「いや，アキラ，俺の方こそ，ごめんよ」「ハルキ！」「アキラ！」（抱き合う）

④ 最後に教師抜きで本番を1回させる。その様子は，まるでコントのよう。拍手と笑いが起きること間違いなし。

# 5 教室に合言葉を
## ―アントニオ猪木風「1, 2, 3, ダ～*!*」―

　みんなで盛り上がって言える合言葉があると，クラスがまとまります。オススメは，かつてプロレス界で活躍したアントニオ猪木氏の「1, 2, 3, ダ～*!*」。クラスみんなで盛り上がって言いましょう。

### すすめ方

① 　運動会，長縄大会，音楽祭，何かの発表会など，クラスがまとまって行う前に必ずやる。

② 　「○年○組は，何でもできる*!*　いくぞー*!*」と教師がかけ声をかける。それが合言葉スタートの合図。

③ 　クラス全員で右手を挙げ，「1, 2, 3」と指で数字を表し，「ダ～*!*」で拳を突き上げる。もちろん教師もやる。

④ 　拍手をしながら，会場に向かう準備をする。

# 6 「素晴らしい間違いだね」
「君は爆笑王だ」でフォローする

> 子どもの失敗や間違いは，必ずフォローして救ってあげましょう。そうすると子どもたちは安心し，いきいきと力を発揮できます。どうしても困った時は「素晴らしい間違いだね」「君は爆笑王だ」のフォローが有効です。

### すすめ方

① 子どもが明らかに間違った発言をした時。放っておいては，ダメ。必ず救わなければならない。

② 最もいいのは，ほめること。結果がダメなら，「最後までがんばったね」と過程をほめてもいい。「人と違う考えができていて，すごい！」と発想をほめてもいい。

③ どうしてもほめられない時は，女子には「素晴らしい間違いだね。この間違いは，みんなの勉強になるなあ。おかげで，みんな賢くなった」などのフォローをする。

④ 男子には，一緒に笑い飛ばしてあげて，「君は爆笑王だ！」「先生，君のファンになりそう」などのフォローも有効。

⑤ いずれにせよ，必ず救うという意識が大切である。

# 7 名前の呼びかたで 子どもとの距離を調節する

時には先生が「○○（呼び捨て）」や「○○ちゃん」のように，子どもを呼ぶ場面があってもいいと考えています。名前の呼びかたで子どもとの距離を調節できるからです。呼びかたをつかい分けて距離を調整してみましょう。

## すすめ方

① 休み時間，雑談の時など，子どもに親しみを演出したい時。男子を「○○（呼び捨て，例：けんいち）」と呼ぶ。女子は，「○○ちゃん（例：たかちゃん）」と呼ぶ。

② 逆に授業中，ピシッとした雰囲気を出したい時は，名字で呼ぶ（例：中村くん，中村さん）。

③ 厳しく注意したい時は，当然，名字で呼ぶ（例：「中村くん，手悪さをやめなさい」）。

④ 女子を柔らかく注意したい時は，「○○ちゃん」と呼ぶ（例：「たかちゃん，手悪さをやめてね」）。

⑤ 時や場，相手などで呼びかたや言いかたを組み合わせる。

# 1日を笑顔で
# 締めくくる

## ―「さようなら」前のアイディア―

### 「来てよかった！」「明日も来よう！」 と思わせる

　1日の最後を楽しく締めくくりましょう。

　子どもたちは，「来てよかった！」と思うはず。

　そして，「明日も来よう！」と思うはず。

　子どもたちが笑顔になる。そんな「さようなら」前の
アイディアを紹介します。

 **3回勝った人から，帰れます**

クラス全員が同時に先生とジャンケンします。先生に3回勝った人から帰ることができるルールです。

・・・・・・・・・・・・・・・・・・ **すすめ方** ・・・・・・・・・・・・・・・・・・

① 教師の「最初は，グー。ジャンケン，ポン！」の言葉で，クラス全員がグー，チョキ，パーのどれかを出す。教師もグー，チョキ，パーのどれかを出す。

② 教師に1回勝った人は，座ったままランドセルを背負う。

③ 2回勝った人は，立って教室の後ろに行く。

④ 3回勝った人は，教師の所に行って，「さようなら」を言い，帰る。

⑤ クラス全員が3回勝って，「さようなら」を言えるまでくり返しジャンケンをする。

⑥ 「グーなしジャンケン」「後出しジャンケン」「全身ジャンケン」「顔ジャンケン」など，どのジャンケンでもつかえるルールである。

# ② エスパーゲーム

コインが入っているのは，右手か，左手かを当てるだけの超簡単ゲームなのに必ず大盛り上がり。3回正解した人から帰ることができるというルールでどうぞ。

## すすめ方

① 教師が10円玉を右手か左手に握って隠す。

② 「超能力をつかって感じてよ。右手に持っていると思う人？」と右手を挙げて聞き，手を挙げさせる。

③ 「じゃあ，左手に持っていると思う人？」と今度は左手を挙げて聞き，手を挙げさせる。

④ 左と予想する人の手を挙げさせたままにして正解発表。「正解は，……右！」と10円玉を見せながら言う。

⑤ 1回成功したら，ランドセルを背負う。2回成功で，教室の後ろに行く。3回成功で，「さようなら」。

⑥ クラス全員が3回成功するまで行う。

# 3 2人組ジャンケン

2人組になり，勝った人から帰ることができるジャンケンです。どんどん人数が減っていくのでスリル満点。

## すすめ方

① 全員起立させ，2人組をつくった人から座らせる。

② 再び全員起立させ，次のように言う。「今つくった2人組でジャンケンします。一斉にやるよ。最初は，グー。ジャンケン，ポン！」

③ 勝った人だけ，「さようなら」して，教室から出る。この時，得意気に「さようなら！」と言わせるのがポイント。

④ ①～③をくり返して行う。最後の1人は教師とジャンケンし，勝ってから気持ちよく帰る。

# 門番ジャンケン

門番2人を続けて倒し，最後に先生を倒したら帰ることができます。3回続けて勝たないと帰ることができない過酷なジャンケンです。

## すすめ方

① 図のように教室に4人の門番を配置する。

② 1番目の門番に勝ったら，2番目の門番の所に行くことができる。2番目の門番にも勝ったら，教師と勝負できる。教師にも勝てば，「さようなら」を言い，帰る。

③ 2番目の門番に負けても，教師に負けても，最初からやり直し。1番目の門番から勝負し直さないといけない。

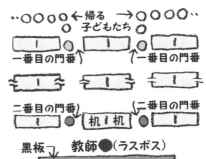

④ 教師は最後のボスとして君臨しているイメージ。勝てば「ギャオ〜！」とおたけびを上げる。負ければ，「や〜ら〜れ〜た〜」と叫ぶ。子どもたちは大喜び。

⑤ クラス全員が「さようなら」できるまで続ける。

85

# 5 10円を止めたのは誰だ？

教室の前に5人が1列に並び，10円を手で順に送っていきます。一見最後の人まで送ったように見えますが，誰かが止めているかも知れません。誰が10円を持っているのか？　当てた人から帰ることができます。

### ‥‥‥‥‥‥‥‥‥‥‥‥‥‥ すすめ方 ‥‥‥‥‥‥‥‥‥‥‥‥‥‥

① 　クジで5人を選ぶ。

② 　5人は誰の所で10円を止めるか相談して決める。

③ 　5人は，教室の前に1列に並ぶ。全員が両手で10円玉を持っているようなポーズをする。

④ 　5人は，みんなの前で隣の人に10円玉を渡していく。ただし，マネだけで，実際には渡していない可能性もある。

⑤ 　5人目まで10円玉が渡ったら，教師は他の子に「1人目が持っていると思う人？」などと聞き，手を挙げさせる。

⑥ 　教師が「正解は，この人でした！」と言ったら，10円玉を持っている人がみんなに10円玉を見せる。

⑦ 　正解した人のみランドセルを背負って「さようなら」。

⑧ 　クラス全員が正解するまで②〜⑦をくり返す。

# 6 テッ，テッ，テッ，テッ，テレパシ〜

隣の人と，同じ本数の指を出せた人から帰ることができます。成功した喜びを2人で共有できるネタです。

## すすめ方

① 隣の人と向かい合う。

② 目と目を見つめ合って，何本指を出すのかテレパシーを送り合う。

③ 「♪テッ，テッ，テッ，テッ，テレパシ〜♪」という教師のかけ声に合わせて，子どもたちは0本から5本までの指を出す。

④ 同じ本数の指が出せた2人組はランドセルを背負い，教師の所に行き「さようなら」を言って教室を出る。

⑤ ②〜④までをくり返す。どうしても成功しない場合は，0〜3本までにするなどの配慮をする。

# 7 救出ゲーム

16マスの中に隠した3人が救出されれば帰ることができます。班で救出された喜びを共有できます。

## すすめ方

① 班対抗で行うゲーム。各班で1つ，図のような16マスを描く。

② 班で相談して，16マスの中の3ヵ所に人の絵を描く。

③ 教師は，黒板に描いた16マスの1つに○をしながら，「Bの3，救出，パカン！」と叫ぶ（扉を開けるイメージ）。

④ Bの3に描いてある人は救出される。救出された人がいた班は，全員で「助かった～！」と叫ぶ。

⑤ 教師は，「Dの2，救出，パカン！」と救出する場所を次々に指定していく。

⑥ 3人とも救出された班は，「さようなら」できる。

# 8 重なっちゃ，イヤ～よ

5人組で行います。1人1人が1本～5本の指を出し，全員がバラバラの数字を出せば，帰ることができます。

難易度が高いだけに，成功した時は，班全員で喜びを爆発させます。

### すすめ方

① 5人組で向かい合う。

② 目と目を見つめ合って，何本指を出すのかテレパシーを送り合う。

③ 「♪重なっちゃ，イヤ～よ♪」と教師は言う。教師の「よ」に合わせて，子どもたちは，1人1人が1本～5本の指を出す。

④ 全員がバラバラの数字を出せば，大成功。教師の所に行き，「さようなら」を言って教室を出る。

⑤ すべての5人組が大成功するまで，②～④をくり返す。

# ⑨ お名前ビンゴ

> 自分の名前でするビンゴです。字数が多い少ないはありますが，ご愛敬。子どもたちは大好きなビンゴに熱狂します。

すすめ方

① 子どもたちは自分の名前を紙にひらがなで書く。

② 教師はカルタを１枚引き，そのひらがなを読み上げる。

③ そのひらがなが自分の名前にあれば，○をする。全部○がつけば，ビンゴ。

④ あと１つでビンゴの人は「リーチ！」と叫び，ランドセルを背負って立つ。

⑤ ビンゴになれば，教師の所に行って「さようなら」。

# 10 声の大きな班から帰る

あいさつの声が小さい時につかえるネタです。子ども たちは他の班より早く帰りたいと思うもの。全力で大き な声を出してあいさつします。

## すすめ方

① あいさつの声が小さかった時。教師は「この声では帰らせられませんね。1班，さようなら！」といきなりあいさつをする。

② いきなりなので，多分声は出ない。「不合格」と言う。

③ 次に「2班，さようなら！」と言う。大きな声であいさつができれば，「合格！　さようなら！」と言う。小さければ，「不合格」と言う。

④ 3班，4班と続けていく。全部の班が合格できるまで，くり返す。

⑤ 男女対抗，列対抗，個人戦など，いろいろ工夫できる。

# おまけの小ネタ集

毎日のクラスをちょっとだけ楽しくする小ネタを紹介します。

## ★年齢を 30 歳サバ読む

　私は今, 52 歳。そこで, 自己紹介で「22 歳です」と言っておく。すると, 子どもたちは口々に「先生, 絶対 22 歳に見えない。だって, しわがあるじゃん」「白髪あるし」と言いに来る。子どもが教師にものすごく話しかけたくなる良ネタ。若手教師は「55 歳です」などと言えばよい。

## ★4 音限定しりとり

　班対抗で行うしりとり。全員が立つ。そして, 1 班から順番に「くつした」→「たけのこ」など, 4 音の言葉でしりとりを続けていく。思いついたら, 班の誰が言ってもよい。5 秒以内に言えなかった班は, 座っていく。最後まで立っていた班が優勝。4 音の言葉を思いつけば, 誰だって言いたくなるもの。意外な子が 4 音の言葉を思いついて, その班の救世主になることも多い。

## ★じゃんけんダービー

　割り箸くじで選ばれた 5 人が前に出る。他の子は, 誰がじゃんけんで一番勝つと思うか予想する。実際に 5 人でじゃんけんをする。予想を当てた子が勝ち。子どもたちは自分が予想した子を一生懸命応援する。そのため, 教室は温かい空気に包まれる。班対抗にしても面白い。

## ★消しゴムかくれんぼ

　子どもたちは自分の消しゴムに大きく名前を書く。割り箸くじで選ばれ

た5人は，オニ。廊下に出る。それ以外の子は，1分間で消しゴムを教室のどこかに隠す。そして，立つ。オニは，5分で消しゴムを探す。見つけたら，「○○くん，みっけ！」と言って，その子に消しゴムを返す。見つかった子は，座る。5分間見つからなかった子が勝ち。

## ★ナンバー1を決めろ！

　割り箸くじで選ばれた3人が前に出る。3人は黒板に「中村先生」と書く。その間，3人以外の子は伏せさせ，誰がどの字を書いたか分からないようにする。そして，一番きれいだと思った子に手を挙げさせる。一番多く手が上がった子が優勝。「ライオン」など，お題の絵をかかせて，一番上手な子を決めるのも面白い。

## ★なんでもビンゴ

　子どもたち一人ひとりが，9マス（縦3，横3）の枠をかく。そして，新出漢字の中から9個を選んで，そのマスに書く。教師は新出漢字の中から1個を選び，発表していく。最初にビンゴした子が「ファースト・ビンゴ賞」。一番たくさんビンゴした子が「最多ビンゴ賞」。九九の答え，都道府県名，実験道具などなど。なんでもビンゴにできる。

## ★席替えミッション

　席替えの前，教師は「隣りの人の良いところを3つ以上言いなさい。言えないなら，お互いに良く分かっていないということ。席替えは早すぎです」と言う。子どもたちは隣りの人の良いところを紙に箇条書きする。そして，隣りの人に向かって，箇条書きした良いところを読む。クラス全員が3つ以上褒められたと思えば，ミッションクリア。席替えができる。子どもたちは席替えがしたいもの。一生懸命，隣りの人の良いところを探す。

●著者紹介

中村健一

　1970年山口県生まれ。現在，山口県岩国市立川下小学校勤務。お笑い教師同盟などに所属。日本一のお笑い教師として全国的に活躍。

　主な著書に『新装版　子どもも先生も思いっきり笑える爆笑授業の作り方72』『教室に笑顔があふれる中村健一の安心感のある学級づくり』『新装版　つまらない普通の授業に子どもを無理矢理乗せてしまう方法』『新装版　クラスを「つなげる」ミニゲーム集 BEST55＋α』『つまらない普通の授業をおもしろくする！　小ワザ＆ミニゲーム集 BEST57＋α』『新装版　ゲームはやっぱり定番が面白い！　ジャンケンもう一工夫 BEST55＋α』（以上，黎明書房），『中村健一　エピソードで語る教師力の極意』『策略ブラック学級づくり―子どもの心を奪う！　クラス担任術―』（以上，明治図書出版）がある。その他，著書多数。

＊イラスト：山口まく

子どもも先生も思いっきり笑える73のネタ＋おまけの小ネタ7 大放出！

2023年6月1日　初版発行

|   |   |   |
|---|---|---|
| 著　　者 | 中　村　健　一 | |
| 発 行 者 | 武　馬　久仁裕 | |
| 印　　刷 | 株式会社　太洋社 | |
| 製　　本 | 株式会社　太洋社 | |

発 行 所　　　　　　株式会社 黎 明 書 房
〒460-0002　名古屋市中区丸の内 3-6-27　EBSビル　☎ 052-962-3045
　　　　　　　　　FAX 052-951-9065　振替・00880-1-59001
〒101-0047　東京連絡所・千代田区内神田 1-12-12　美土代ビル6階
　　　　　　　　　　　　　　　　　　　　　　　☎ 03-3268-3470

落丁本・乱丁本はお取替します。　　　　　ISBN978-4-654-02390-5
Ⓒ K. Nakamura 2023, Printed in Japan